CLAUDIO LORUSSO

AVVIARE UN'IMPRESA

Come Creare un'Azienda di Successo Evitando le Trappole che Potrebbero Distruggerla

Titolo

"AVVIARE UN'IMPRESA"

Autore

Claudio Lorusso

Editore

Bruno Editore

Sito internet

http://www.brunoeditore.it

Sommario

Introduzione

Prima di iniziare questo corso mi sono chiesto cosa avrei risposto se qualcuno mi avesse domandato il motivo che mi ha spinto a scrivere. La risposta è semplicemente questa: ho elaborato questo corso perché non ho mai trovato, agli inizi della mia carriera, nessun testo che descrivesse cronologicamente e sinteticamente quali sono le fasi della costituzione di un'azienda, e ho pensato di aiutare, nei limiti delle mie conoscenze, tutti i potenziali imprenditori che iniziano questo percorso.

Tutti i giovani o meno giovani, spinti da una volontà imprenditoriale, spesso decidono di diventare imprenditori senza conoscere a fondo quali sono i problemi che devono affrontare, prima e dopo la costituzione dell'azienda, con tutte le conseguenze che questo comporta.

Spesso sento alcuni conoscenti consigliare, senza essere assolutamente informati sull'argomento, alcuni amici su come si debba fare per aprire un'azienda. Il risultato di tutto questo è una totale disinformazione, se non addirittura confusione, da parte del potenziale nuovo imprenditore che brancola letteralmente nel buio senza sapere bene come comportarsi e a chi rivolgersi. Nell'immaginario collettivo l'imprenditore che apre un'azienda, per il solo fatto di averla costituita è già ricco. Può permettersi da subito una bella autovettura, una bella donna al fianco e vacanze da sogno. La realtà purtroppo è un po' diversa.

Nei primi periodi l'imprenditore parte con un entusiasmo elevatissimo, nulla lo SPAventa, è forte e coraggioso. Sogna ad occhi aperti spinto da una sana competizione che lo fa agire senza riSPArmiarsi, lavorando anche di notte se necessario.

Man mano che l'azienda cresce è inevitabile che inizino a manifestarsi i primi problemi, dovuti a cause magari non dipendenti dalla sua volontà. In questa nuova fase, se l'imprenditore non è preparato a dovere, possono verificarsi delle situazioni che, se mal gestite, portano l'azienda a subire dei contraccolpi non indifferenti. Ho pensato allora di descrivere quali sono le trappole che si possono trovare lungo il percorso. Il mio obbiettivo è aiutare il mio amico imprenditore a schivarle, evitando di finire in situazioni non gradite. Naturalmente non è possibile pensare che la semplice applicazione delle regole che descriverò sia sufficiente per evitare del tutto le trappole. Tu sai benissimo che le variabili possono essere moltissime e io non posso conoscerle tutte a priori. Tuttavia ho cercato di descrivere al meglio le situazioni che nella gestione aziendale si verificano più frequentemente, sperando di poterti aiutare a risolverle.

Buona lettura.

Ringrazio per la preziosa collaborazione i miei commercialisti Franca e Giorgio.

CAPITOLO 1:
Come costituire un'azienda

Per creare un'azienda devi innanzitutto sapere cosa offrirai alla tua potenziale clientela. Per fare questo, devi indagare le tue passioni, le tue conoscenze tecniche, cercando di capire se il prodotto/servizio che andrai a offrire sarà acquisibile dai tuoi clienti e potrà remunerare adeguatamente tutti gli elementi che compongono l'azienda, ossia il capitale e il lavoro.

Le idee possono essere moltissime, possono attraversare la tua mente centinaia di volte al giorno. Questa è una fase creativa, ti sembrerà di poter fare tutto, in realtà potrai fare le cose per cui sei veramente portato, il resto sono solo congetture, idee campate in aria. Attenzione a non definire l'idea che hai per il futuro attraverso confronti con amici e conoscenti che non hanno una preparazione adeguata sull'argomento. Essi parlano senza cognizione di causa.

Come scegliere il business

Dopo aver fatto una selezione tra le varie opzioni devi decidere quale sarà il business. Questa è una fase molto delicata e fondamentale allo stesso tempo. Devi infatti scegliere tra le varie possibilità e capire se il mercato accoglierà favorevolmente i prodotti e i servizi della tua azienda.

A tal proposito devi fare molta attenzione a non offrire prodotti e servizi obsoleti che nessuno acquisterebbe. Ti faccio un esempio molto semplice: immagina di produrre zappe per i contadini, quante pensi di poterne vendere? È plausibile che l'idea non sia delle migliori, giacché oggi la meccanizzazione agricola nei paesi sviluppati ha SPAzzato via tutti gli attrezzi usati manualmente.

Forse in futuro il petrolio si esaurirà e gli attrezzi agricoli manuali torneranno in auge. Forse la tecnologia offrirà qualche altra invenzione che noi per il momento non possiamo nemmeno immaginare. È logico secondo te aspettare tutti questi anni e intanto produrre e immagazzinare zappe nella speranza che il petrolio finisca in fretta? A mio avviso no. Credo proprio che sia meglio puntare su altri prodotti.

Può aiutarti nella comprensione lo schema citato in moltissimi libri ossia il ciclo di vita del prodotto che è formato da quattro fasi: introduzione, sviluppo, maturità e declino.

Il ciclo di vita del prodotto

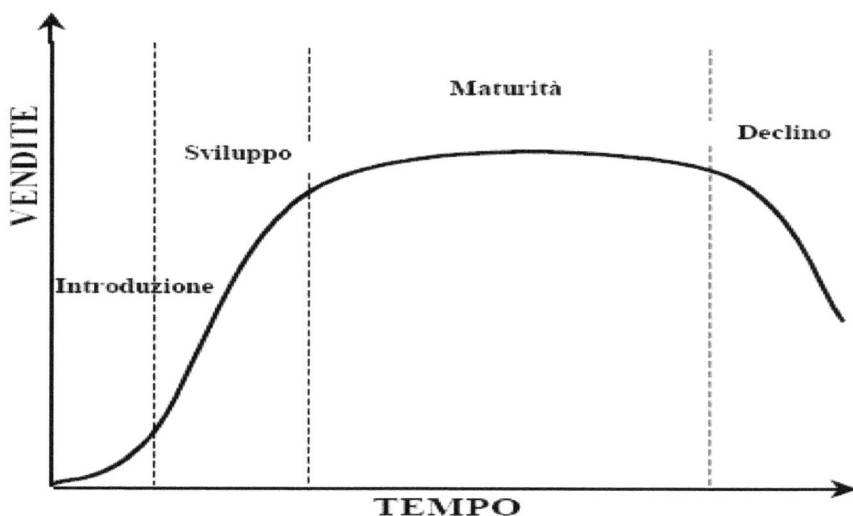

Puoi trovare questo prospetto digitando su Google "ciclo di vita del prodotto". Troverai molte immagini simili, questa è tratta dal sito http://www.marchegianionline.net.

Dovrai verificare in quale fase si trova il prodotto/servizio che vorresti vendere perché ad ogni fase corrisponde una precisa strategia di vendita e una struttura di costi ben definita. Come ti ho spiegato nell'esempio, non è opportuno iniziare una nuova attività con un prodotto che sicuramente si trova in fase di declino.

Credo sia utile analizzare le fasi del ciclo di vita del prodotto. Come si può vedere nel grafico, la prima fase è l'introduzione del prodotto sul mercato. L'azienda deve effettuare investimenti elevati per la progettazione, la produzione, la promozione e la distribuzione del prodotto. Naturalmente il prodotto deve essere conosciuto e apprezzato dai consumatori. In questa fase il fatturato è notoriamente basso e i profitti sono sicuramente negativi.

La seconda fase è quella dello sviluppo o crescita. Il mercato infatti apprezza il nuovo prodotto e quindi il fatturato sale rapidamente, gli utili sono molto elevati fino a raggiungere la punta massima. L'azienda è costretta a investire molto nel marketing per contrastare l'ingresso di nuovi concorrenti attirati dall'elevata redditività. La terza è la fase della maturità. Qui si assiste a un elevato aumento delle vendite che raggiungono il loro apice. Conseguentemente gli utili continuano a diminuire per la cospicua presenza di concorrenti del settore.

La fase finale è quella del declino. Si assiste ovviamente a una riduzione progressiva delle vendite. I profitti si riducono bruscamente e molte aziende abbandonano il prodotto. Gli investimenti sono praticamente nulli.

Oltre ad analizzare quanto detto in precedenza, dovrai anche verificare quali e quanti sono i concorrenti che offrono il tuo stesso prodotto e se vi è una concentrazione in determinate aree. Un esempio può essere esplicativo del concetto esposto. Se decidi di aprire una gelateria in un luogo in cui vi sono già numerosi punti vendita, è chiaro che diventa molto difficile vendere ottenendo dei buoni risultati.

Naturalmente nessuno può impedirti di aprire una gelateria in un simile contesto. Devi essere certo di produrre un gelato eccezionale. La qualità dovrà essere così elevata da permettere alla tua azienda di aprire una breccia profonda tra te e i concorrenti, assicurandoti un numero cospicuo di consumatori.

Devi analizzare, attraverso tutti i canali possibili, primo fra tutti internet, tutte le informazioni sul settore di appartenenza di un determinato prodotto. Inoltre dovrai verificare se il prodotto che vorresti vendere possa essere facilmente fabbricato in altri paesi del mondo a costi decisamente inferiori. Un esempio può essere quello dei tanto citati prodotti cinesi, indiani, pakistani, coreani, vietnamiti ecc. Se t'interessa proprio quel prodotto sarebbe opportuno pensare a una produzione effettuata nei paesi citati, e importarlo successivamente per la vendita.

SEGRETO n. 1: la scelta del business è importante, meglio offrire prodotti che non siano nella fase di declino.

Solo dopo un'attenta valutazione di tutti questi elementi potrai decidere cosa produrre o che servizio offrire.

Partire da soli o bene accompagnati
Questa è un'altra scelta difficile in quanto possono esistere dei

pro e dei contro in entrambi i casi. Iniziare da soli significa avere tutte le responsabilità sulle proprie SPAlle, dover trovare via via tutte le risorse e le soluzioni necessarie prendendo decisioni senza consultare qualcuno che sia coinvolto nell'attività. Tuttavia può essere anche vantaggioso non dover rendere conto ad altri delle proprie decisioni.

Per contro, partire con altri soggetti significherebbe disporre di esperienze, risorse finanziare e conoscenze tecniche per risolvere i problemi di tutti i giorni.

Spesso si vedono soci che iniziano in pieno accordo e dopo un po' di tempo cominciano ad avere opinioni diverse. Questo comporta una possibile rottura dei rapporti con le conseguenze del caso. È fondamentale coltivare una buona sinergia, dividersi i compiti non intralciarsi a vicenda, stabilire regolarmente delle riunioni durante le quali poter fare il punto della situazione. Così facendo, in caso di emergenza, tutti i soci saranno adeguatamente preparati ad affrontare eventuali problemi.

Nelle aziende si litiga spesso per questioni finanziarie perché non si ripone piena fiducia nell'operato degli altri. Il consiglio è condividere le decisioni finanziarie in modo tale che non vi siano attriti e tutti abbiano il pieno controllo dei soldi. Troppo spesso si sente dire: «è scappato con la cassa», «ci fidavamo ciecamente di lui, e invece...». Come vedi è meglio riflettere molto bene prima di decidere il da farsi.

Valutazione del luogo in cui nascerà la tua azienda

Il luogo in cui la tua azienda avrà sede è un'altra scelta da ponderare accuratamente. Normalmente per le aziende di piccole dimensioni la sede spesso coincide con la propria residenza, oppure viene scelto un luogo vicino ad essa. Questo può essere un vantaggio in quanto permette di ridurre i costi nella fase iniziale. Se invece l'azienda è proiettata verso una crescita iniziale vigorosa, può essere opportuno valutare una soluzione diversa, ad esempio l'affitto o l'acquisto di una sede più ampia composta di uffici e sito produttivo.

Vi sono anche casi di aziende fondate in Italia che producono o acquistano prodotti all'estero. In questo caso è sufficiente un ufficio le cui dimensioni saranno dettate dalle esigenze. Come vedi le soluzioni sono molteplici solo tu puoi sapere quale scegliere.

Primi contatti con il commercialista

Normalmente è opportuno prendere appuntamento con un commercialista di fiducia. Il suo ruolo è aiutarti nella comprensione di tutti gli adempimenti fiscali e burocratici che sono necessari al momento dell'apertura: permessi, licenze, concessioni, certificati. Egli deve anche avere cura di quantificare i costi del suo compenso e le spese per la tenuta della contabilità, del bilancio e delle varie dichiarazioni. Inoltre il commercialista può consigliarti sulla scelta del tipo di società da avviare, una SPA, una SRL, una società di persone, una ditta individuale, informandoti sui rischi che si celano dietro ognuna di esse. Il mio consiglio personale è quello di costituire, salvo casi rari, una società di capitali, SRL o SPA.

La scelta dipende dalle dimensioni aziendali che tu immagini per il futuro. Devi tener presente che la SPA è un po' più costosa, dovrai quindi effettuare i dovuti calcoli prima di valutare l'opportunità di iniziare con questa tipologia di società.

Un'altra possibilità è quella di partire con una SRL e

successivamente, bilancio permettendo, trasformarla in una SPA. Naturalmente l'eventuale trasformazione avrà dei costi ma è sicuramente meglio spendere del denaro quando l'azienda può permetterselo che iniziare con un fardello pesante da trascinare chissà per quanto tempo.

La SPA, per il capitale sociale più elevato e per le forme di controllo, è maggiormente visibile ed è tenuta in maggiore considerazione rispetto alla SRL con un capitale minimo. Anche il sistema bancario ritiene la SPA più affidabile della SRL e forse può concedere più facilmente affidamenti, finanziamenti o mutui.

Scelta del notaio

Se vuoi costituire una società è necessario un notaio. Puoi scegliere tra i notai della tua zona o puoi rivolgerti sempre al tuo commercialista che solitamente ti consiglia un notaio di fiducia. La scelta del notaio può includere parcelle diverse che dovrai analizzare accuratamente.

Dove trovi le risorse finanziarie per costituirla

Prima di iniziare devi considerare il capitale necessario per la costituzione. Ogni tipo di società necessita di capitali diversi con versamenti iniziali distinti. Devi pertanto verificare che le tue finanze supportino questa fase altrimenti devi reperire dei finanziamenti esterni che ti permettano di partire tranquillamente.

Tra i finanziamenti esterni è possibile annoverare il ricorso al debito bancario, di solito assistito da garanzie reali, ai fondi dei parenti, finanziatori non bancari che hanno grosse disponibilità di denaro da investire e sono sempre alla ricerca di opportunità per far rendere i propri soldi. Queste persone solitamente prediligono investimenti con un alto ritorno sul capitale, devono quindi essere convinti dell'investimento che stanno finanziando.

SEGRETO n. 2: partire bene significa avere una buona riserva finanziaria, meglio reperire fondi in esubero che iniziare con scarsa liquidità.

Preventivi bancari

Quando costituirai la tua azienda avrai bisogno di un conto corrente bancario per effettuare i versamenti dei decimi e successivamente incassare i crediti e pagare i debiti. È opportuno scegliere, tra le varie filiali del tuo territorio, la banca che ti formula i preventivi migliori e che può eventualmente supportarti nei fabbisogni finanziari futuri.

Ti consiglio di iniziare la ricerca presso la banca dove hai già un conto, meglio ancora se la tua famiglia ha un conto da tanto tempo. Lo storico di una persona può agevolare molto la concessione di condizioni particolari e di affidamenti. Vale sempre la regola che, se ti conosco, prendo più volentieri in considerazione la tua richiesta; se invece non ti conosco comincio a domandarmi perché sei venuto da me e non sei andato da un'altra parte. Non è detto che in futuro tu debba obbligatoriamente tenere il conto presso quella stessa banca, ma all'inizio è meglio.

Se l'azienda otterrà i risultati che speri, saranno le stesse banche a contattarti successivamente. Anche loro sono aziende che alla fine dell'anno devono chiudere i conti possibilmente in utile e sono sempre alla ricerca di buone aziende da finanziare. Vi sono casi, molto rari, in cui la banca non solo finanzia l'azienda ma addirittura assiste l'imprenditore nelle fasi di crescita, soprattutto per investimenti all'estero.

Costi da sostenere prima dell'incasso delle prime fatture

Proseguendo nell'analisi preventiva dovrai valutare quali saranno i costi da sostenere prima dell'incasso delle fatture. Tra questi possiamo annoverare i salari, gli stipendi, le provvigioni, gli affitti, i noleggi, i leasing ecc.

Questa valutazione è essenziale perché ti consente di quantificare la somma di denaro necessaria che dovrai avere nelle disponibilità aziendali, oppure dovrai reperire all'esterno. Le opzioni possono essere quelle previste per il reperimento dei fondi finalizzati alla costituzione della società, con possibilità di far ricorso ai finanziamenti bancari a breve per effetto dello sconto di carta commerciale: sconto fatture, ri.ba o mediante apertura di credito. Queste operazioni ovviamente hanno un costo che dovrai come al solito valutare attentamente.

A chi venderai i tuoi prodotti/servizi

Naturalmente non può esistere un'azienda che non venda i suoi prodotti/servizi. Devi quindi pensare ai potenziali clienti cercando di capire se i prodotti sono adatti a loro, se il prezzo di vendita può essere competitivo, se non esistano sul mercato prodotti o servizi simili o prodotti sostitutivi. Per prodotti sostitutivi si intendono quei prodotti che non sono direttamente concorrenti ma che possono in qualche modo ostacolare la vendita.

Se tu volessi produrre aranciate particolarmente dissetanti, dovresti combattere sicuramente contro i tuoi diretti concorrenti produttori di aranciate, ma anche contro tutti gli altri prodotti dissetanti, come acqua, limonate, chinotti, tè freddi ecc. Questa è la fase più difficile in assoluto, in quanto un errore di valutazione può far crollare l'intero castello.

SEGRETO n. 3: i prodotti che l'azienda venderà dovranno soddisfare i bisogni dei potenziali clienti.

Quali saranno i potenziali fornitori

Naturalmente per offrire dei prodotti/servizi dovrai avere anche dei fornitori che ti assicurino la fornitura di materie prime o altri prodotti per la produzione aziendale. La ricerca può essere spesso difficoltosa, dovrai quindi valutare tutte le variabili: la qualità del fornitore, la qualità del suo prodotto, la tempestività di evasione della tua richiesta, la distanza dalla tua azienda, il tipo di pagamento da questi richiesto inizialmente. Ricorda sempre che una buona lista di fornitori da te selezionata è un ottimo modo per avere meno problemi e ti permetterà in futuro di impostare delle buone strategie in sinergia con loro.

Quante risorse umane saranno necessarie

Proseguendo nella valutazione dovrai verificare il numero di addetti che saranno necessari per la tua attività. Elencherei tra questi i venditori, gli operai, gli impiegati ecc. avendo cura di effettuare un'attenta analisi dei costi che si formeranno. Inizialmente l'entusiasmo porta a sopravvalutare le effettive esigenze. Ben presto potresti accorgerti di aver esagerato, pertanto in questa fase ti consiglio di valutare attentamente ogni singolo costo. Meglio iniziare con meno dipendenti, potrai sempre assumerli successivamente, quando le condizioni lo consentiranno.

Redigere un business plan preventivo

Terminata la valutazione, devi mettere su carta o foglio elettronico tutti i costi e i ricavi che si sono formati in questa fase preventiva. Devi proprio simulare il funzionamento dell'azienda e scriverlo, in sostanza devi fare un piano. Solo così ti renderai conto se puoi iniziare questa avventura oppure fare altro.

Il piano non si deve fermare all'anno in corso, ossia il primo di attività, ma deve essere sviluppato almeno per i primi tre anni, meglio ancora se cinque. Il piano deve essere formato da una parte descrittiva del progetto e da una parte numerica. Per la parte numerica puoi utilizzare un foglio molto semplice diviso in due sezioni, quella di sinistra con i costi e quella di destra con i ricavi. Dovrai riempirlo accuratamente, voce per voce, scrivendo tutti i costi e tutti i ricavi calcolati. Ti consiglio di scrivere i costi nella parte sinistra del foglio così comincerai ad abituarti alla contabilità ordinaria. Questo foglio così suddiviso prende il nome di " conto economico" e ti permetterà di vedere a colpo d'occhio l'utile o la perdita d'esercizio. Ecco un prospetto di conto economico:

CONTO ECONOMICO AL 31/12/201X			
COSTI		**RICAVI**	
acquisti di materie acquisto di prodotti finiti lavoro dipendente oneri sociali TFR spese generali ammortamenti pubblicità oneri finanziari assicurazioni fitti passivi altri costi imposte e tasse		vendita prodotti/servizi plusvalenze patrimoniali ricavi straordinari fitti attivi altri ricavi extra gestione	
TOTALE COSTI		**TOTALE RICAVI**	

Questo prospetto è si può trovare sul sito www.businessplanvincente.com. Trattandosi di un bilancio economico il totale dei ricavi deve essere uguale a quello dei costi. Ti domanderai, l'utile o la perdita dove li vedo? Molto semplice: se i ricavi saranno maggiori dei costi, avrai un utile d'esercizio. Viceversa, se i costi saranno maggiori dei ricavi avrai una perdita.

Siamo tornati alle elementari, se ben ti ricordi ci insegnavano questo:

ricavo – spesa = guadagno.

Adesso siamo adulti e lo scriviamo in questo modo:

ricavi – costi = utile o perdita d'esercizio.

Non dimenticare i costi che non sono presenti il primo anno, ma saranno presenti negli anni futuri se effettuerai degli investimenti. L'esempio migliore può essere quello degli ammortamenti. A fronte di un investimento iniziale, pagato magari con finanziamento, ti troverai negli anni successivi un costo da imputare al conto economico che è appunto l'ammortamento di quel cespite pluriennale e il costo degli interessi passivi del finanziamento.

Nei costi devi anche calcolare le imposte e le tasse. Sarebbe un grave errore aumentare i ricavi e ridurre i costi per pervenire a un risultato che confermi la tua visione. Meglio fare il contrario, ossia pervenire a un risultato più credibile che ti consentirà di decidere se iniziare o lasciar perdere. Ti può aiutare a determinare il volume di ricavi occorrenti per la copertura di tutti i costi, sia variabili che fissi, un modello conosciuto con il nome di *break even point*, ossia il calcolo del punto di pareggio.

Questo modello viene rappresentato con il grafico che puoi vedere qui riprodotto. Puoi trovare questo prospetto digitando su Google "break even point", il sito è http://businessplanvincente.com/.

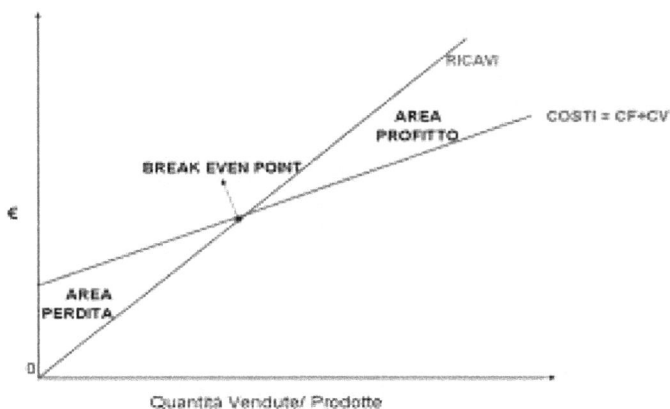

Ecco la formula :   Costi fissi

1 – Costi variabili / Ricavi

Proviamo a effettuare un esempio secondo i seguenti parametri:

- costi fissi   150

- incidenza costi variabili sui ricavi   70 %

- margine di contribuzione   30%

Ecco i calcoli :

$$150 / 1 - 0,70 = 150 / 0,30 = 500$$

Per semplificare, se dividiamo i costi fissi (150) per il margine di contribuzione (30% ossia 0,30) ottieni esattamente il fatturato necessario per la copertura di tutti i costi (500) e ovviamente il punto di pareggio.

Con questo modello hai conosciuto tre termini nuovi: costi fissi, costi variabili, margine di contribuzione. Vediamo brevemente di cosa si tratta:

- **costi fissi**: per definizione sono quei costi che non si modificano, anche se il fatturato varia. Per esempio l'affitto di un immobile che sarai costretto a pagare a costo pieno, anche se il fatturato diminuisce o aumenta, oppure i costi dei dipendenti;
- **costi variabili**: sono quei costi che variano con l'aumento o con la diminuzione del fatturato, per esempio le materie prime;
- **margine di contribuzione**: è la semplice differenza tra i ricavi e i costi variabili.

Vorrei ancora ricordarti che il piano che andrai a scrivere dovrà essere un progetto che ti permette di verificare nel tempo il raggiungimento degli obbiettivi. Dovrà anche essere, se deciderai di partire, la guida che ti permetterà di non uscire dai binari. Avendo un progetto ben definito, difficilmente prenderai decisioni affrettate o fantasiose. Avrai un percorso studiato abbastanza dettagliatamente che ti condurrà esattamente dove tu vuoi arrivare.

Pensa per un momento a una battaglia storica, immedesimati nel comandante che ha ricevuto l'ordine di conquistare un territorio. Ti renderai immediatamente conto che prima di iniziare la battaglia lui aveva pianificato tutto. Aveva pensato a tutte le varianti del piano, posizionato la fanteria, l'artiglieria, la cavalleria, l'approvvigionamento e le truppe di riserva per i casi di emergenza. Iniziata la battaglia, impartiva ordini precisi seguendo con il binocolo i movimenti delle truppe. Il suo obbiettivo era uno solo, vincere la battaglia seguendo il suo piano e avendo eventualmente a disposizione una strategia supplementare qualora le condizioni fossero cambiate all'improvviso.

Ti consiglio di leggere alcuni libri che trattano della strategia aziendale e militare, saranno molto utili quando dovrai prendere delle decisioni. Ti consiglio i seguenti libri: *Il vantaggio competitivo*, *La strategia competitiva* e *Strategia e competizione*, scritti da Michael E. Porter. *Strategia d'impresa* di Giorgio Pellicelli. *Valutazione economica delle strategie d'impresa* di Giorgio Donna. *Iper competizione, le nuove regole per affrontare la concorrenza dinamica*, di Richard A. d'Aveni. Sun Tzu, *L'arte della guerra*, traduzione curata dal gruppo Denma. *I 36 stratagemmi*, di Gianluca Magi. *Della guerra*, di Karl von Clausewitz.

I piani supplementari oggi vengono definiti sulla base di scenari che possono variare e l'imprenditore, come il comandante, deve avere delle valide alternative al piano principale. Se ti sembra difficile effettuare tutti i conteggi o se pensi di omettere involontariamente qualche dato puoi, come al solito, rivolgerti al commercialista oppure a un consulente che ti aiuti in questa fase di progettazione del piano.

SEGRETO n. 4: redigere un business plan permette di verificare a priori la fattibilità del progetto, successivamente il raggiungimento degli obbiettivi.

Terminata la fase di valutazione con esito positivo puoi passare alla costituzione della tua nuova azienda. La tua creatura si chiamerà (nome della società) e sarà una (SPA, SRL) avrà come oggetto sociale (descrizione di cosa dovrà o potrà fare). Ti consiglio di scrivere un oggetto sociale che sia il più ampio possibile in quanto ti consentirà di intraprendere più attività evitando di ritornare dal notaio per le eventuali modifiche.

Le sedi, legale, operativa e amministrativa dovrebbero corrispondere allo stesso indirizzo; se questo non è possibile è consigliabile avere sede legale presso il proprio commercialista. Il capitale sociale minimo per una SRL è di 10.000 euro, per la SPA invece è di 100.000. La compagine sociale è formata da tutti i soci fondatori in modo proporzionale alle quote o azioni da sottoscrivere. Avrai già scelto la banca presso cui verserai il 25% del capitale sociale prima della costituzione e avrai a priori fissato l'appuntamento presso il notaio per l'atto formale alla presenza di tutti i soci.

In sede di atto dovrà essere nominato un amministratore unico per l'SRL, un consiglio di amministrazione con uno o più amministratori delegati per la SPA, i quali possiederanno la rappresentanza della società.

RIEPILOGO DEL CAPITOLO 1 :

- SEGRETO n. 1: La scelta del business è molto importante, meglio scegliere prodotti che non siano nella fase di declino.
- SEGRETO n. 2: Partire bene significa avere una buona riserva finanziaria, meglio reperire fondi in esubero che iniziare con scarsa liquidità.
- SEGRETO n. 3: I prodotti che l'azienda venderà dovranno soddisfare i bisogni dei potenziali clienti.
- SEGRETO n. 4: Redigere un business plan permette di verificare a priori la fattibilità del progetto, successivamente il raggiungimento degli obbiettivi.

CAPITOLO 2:

Come gestire la nuova azienda

Una volta costituita la società, si può partire con l'affitto o con l'eventuale acquisto dei locali in cui fisicamente si svolgerà l'attività. Si dovranno richiedere le linee telefoniche, arredare gli uffici, acquistare o noleggiare gli impianti e i macchinari, selezionare le risorse umane (operai, impiegati, venditori) necessarie per la produzione/erogazione di prodotti o servizi.

Sarà indispensabile formare i venditori e naturalmente informare i fornitori circa l'inizio della nuova attività. Terminata questa fase, l'azienda è pronta per iniziare l'attività vera e propria.

Vendita prodotti/servizi

Una delle attività più importanti di un'azienda è sicuramente la vendita dei prodotti/servizi. Naturalmente è necessario formulare il miglior prezzo per essere competitivi nel proprio settore di mercato. Attenzione a non dimenticare che un prezzo troppo basso potrebbe non permettere all'azienda di remunerare il capitale e il lavoro, di conseguenza portare la medesima alla chiusura. Definito il prezzo di vendita, è necessario rivolgere l'attenzione al *target* di riferimento, selezionando la clientela anche attraverso l'ausilio di società d'informazione commerciale che possono agevolare il compito.

La suddetta selezione permette di definire quale sia l'azione commerciale più efficace e consente di orientare la propria forza di vendita per il raggiungimento degli obbiettivi in termini di fatturato e margini. Vorrei chiarire meglio il concetto di obbiettivo identificato con l'acronimo SMART che nel dettaglio significa:

- **S**pecifico;
- **M**isurabile;
- **A**ttraente;
- **R**aggiungibile;
- **T**emporizzato.

Analizziamo voce per voce:

Specifico: l'obbiettivo deve essere unico, chiaramente ben definito. Se si dovessero perseguire più obbiettivi contemporaneamente si rischierebbe di non concludere nulla. Un proverbio popolare recita: *"se due lepri vuoi acchiappare una fugge e l'altra potrebbe scappare"*. Ti troveresti quindi senza lepri. Ovviamente è un proverbio, lasciamo le lepri correre tranquillamente nel loro habitat naturale.

Misurabile: l'obbiettivo deve essere oggettivamente misurabile per sapere esattamente dove siamo in qualsiasi momento.

Attraente: deve stimolare gli addetti al suo raggiungimento, invogliandoli lungo il percorso.

Raggiungibile: deve essere possibile portarlo a termine, quindi non deve essere troppo semplice e banale, ma nemmeno troppo difficile o proibitivo. In sostanza deve permettere il suo raggiungimento.

Temporizzato: deve essere raggiunto in un tempo stabilito. Se un obbiettivo non ha queste caratteristiche non è un obbiettivo ma solo un proposito ambizioso. Potrai trovare naturalmente in altri testi spiegazioni molto più dettagliate sull'argomento. Se un obbiettivo non ha queste caratteristiche, non è un obbiettivo ma solo un proposito ambizioso.

La vendita può essere effettuata attraverso i venditori precedentemente formati. Previo appuntamento, se richiesto, essi si recano presso i clienti per presentare i prodotti, cercando di convincerli ad acquistarli. Vi sono naturalmente anche altre tipologie di vendita quali ad esempio la vendita telefonica, le newsletter, la vendita online attraverso un sito internet, le promozioni, gli eventi ecc. Sarà l'imprenditore a scegliere, tra le varie opzioni, quale darà i volumi maggiori in termini di fatturato e utili.

SEGRETO n. 5: l'attività di vendita è sicuramente importante, poiché permette di incrementare il fatturato e gli utili raggiungendo gli obbiettivi prefissati.

Ordini

La fase successiva alla vendita è la gestione degli ordini. I venditori portano o inviano gli ordini dei clienti all'azienda che, attraverso la sua struttura produttiva, deve preoccuparsi di evaderli. Terminata la produzione, i prodotti devono essere accuratamente controllati e selezionati per evitare guasti, anomalie e resi. Finito il controllo, i prodotti potranno essere imballati, se necessario, e spediti al cliente. Questa fase termina con la fatturazione, che può essere contestuale alla spedizione (fatturazione immediata) oppure successiva, ossia differita.

Ho parlato di clienti, ma spesso può accadere che l'azienda non venda direttamente al cliente finale bensì si avvalga della collaborazione di alcuni intermediari. Si parlerà quindi di canale diretto quando il prodotto viene venduto direttamente al cliente finale; di canale corto quando vi è un solo intermediario; di canale medio o lungo quando intervengono più intermediari. È palese che più si allunga il canale, più si riducono i margini aziendali, permettendo così ai distributori di avere il loro utile.

Per quel che riguarda la spedizione del prodotto finito, vi possono essere varie opzioni che elencherò brevemente. L'azienda può occuparsi direttamente della spedizione inviando un proprio incaricato. È il caso di materiali molto delicati o molto costosi che potrebbero subire grossi danni se affidati a terzi. Un'altra possibilità è affidare il proprio materiale da consegnare agli spedizionieri oppure ai vettori/corrieri.

SEGRETO n. 6: l'ordine del cliente permette all'azienda di produrre e successivamente consegnare il prodotto finito.

Gestione finanziaria

La gestione finanziaria permette all'azienda di incassare i propri crediti e di pagare i debiti che si formano nel corso del tempo. Normalmente l'incasso delle fatture deve avvenire alla scadenza dei termini concordati: 30, 60, 90, 120 giorni ecc. con diverse modalità, tramite bonifico bancario, assegno, o ri.ba. Se questo non avviene è necessario gestire gli insoluti. Essi consistono inizialmente in un sollecito telefonico seguito, a qualche giorno di distanza, da una lettera raccomandata a/r.

Se anche questa forma di sollecito non ottiene gli effetti desiderati, è necessario iniziare una pratica di recupero forzoso del credito, rivolgendosi a un legale di fiducia. Se non conosci proprio nessuno, il tuo commercialista, come al solito, ti può consigliare al meglio. Il legale inizierà l'azione di recupero con un decreto ingiuntivo che farà aumentare il debito del tuo cliente gravandolo di interessi e spese legali. Normalmente le spese legali ti verranno richieste in anticipo e potrai recuperarle se il tuo cliente pagherà nei 40 giorni successivi alla notifica dell'atto giudiziario.

Qualora ciò non avvenisse, il tuo legale ti domanderà se deve proseguire nell'azione di recupero forzoso attraverso un atto di precetto. Il provvedimento sarà nuovamente notificato al tuo cliente, il quale avrà solo 10 giorni di tempo per pagare il debito gravato di tutte le spese legali sostenute. Scaduti i termini, il legale procederà, previo tuo accordo, al pignoramento di beni o di crediti presso il tuo cliente o presso terzi. Normalmente, se esistono fondi, il tuo cliente paga prima di farsi pignorare i beni.

Superata questa fase con esito negativo non resta altro da fare che presentare istanza di fallimento. Naturalmente il tuo cliente può ancora saldare i debiti prima dell'udienza costringendoti, per tua fortuna, a ritirare l'istanza. Ciò significa che hai preso tutti i soldi.

SEGRETO n. 7: l'azienda deve incassare i crediti e pagare i

debiti per gestire il regolare flusso finanziario. Se qualche incasso risulta difficoltoso, l'azienda può agire, avvalendosi di un legale, per il recupero forzoso del credito.

Oltre a incassare i crediti, l'area finanziaria si occupa anche di pagare i debiti verso i propri dipendenti, i venditori, i soci lavoratori, gli amministratori, le tasse, l'IVA ecc. L'area finanziaria, solitamente gestita da un ufficio preposto, si deve anche preoccupare di mantenere in equilibrio le fonti di finanziamento con gli impieghi di capitale. Anche questi sono termini nuovi: soffermiamoci un momento per capire di cosa si tratta.

Per fonti di finanziamento si intendono tutte le fonti iscritte al passivo dello Stato Patrimoniale che, insieme al Conto Economico, forma il Bilancio d'Esercizio. Le fonti finanziarie sono, ad esempio, il capitale sociale, le riserve, i finanziamenti bancari ecc. Per impieghi di capitale si intendono invece le voci iscritte all'attivo dello stato patrimoniale. Un esempio può essere quello degli investimenti in immobili o in macchinari. Onde evitare incomprensioni è meglio spendere qualche parola sullo

Stato Patrimoniale. Come ti ho detto prima, esso compone, insieme al conto economico, il bilancio d'esercizio che viene redatto ogni anno solitamente in data 31 dicembre.

La struttura dello stato patrimoniale è simile a quella del conto economico, quindi è divisa in due sezioni verticali, in cui verrà iscritto l'attivo patrimoniale (immobili, investimenti, crediti, rimanenze ecc.) nella sezione sinistra e nella sezione destra il passivo patrimoniale, ossia i debiti commerciali, i debiti finanziari e il capitale sociale con le eventuali riserve che si sono formate nel corso del tempo. Se ragioniamo per un momento, ci accorgiamo che il passivo patrimoniale è a tutti gli effetti una sezione in cui sono identificate le fonti di finanziamento aziendale. Esse occorrono per finanziare il capitale impiegato nella sezione di sinistra dello stesso prospetto. Ciò giustifica i termini *impieghi di capitale all'attivo* e *fonti al passivo*.

La fonte finanziaria aziendale per eccellenza è il *capitale sociale*. Se ben ricordi, ne abbiamo parlato in occasione della costituzione della società. Lo Stato Patrimoniale possiamo definirlo come memoria storica dell'azienda, in quanto anno dopo anno verranno iscritte tutte le voci che normalmente restano identificabili per diverso tempo. Il Conto Economico invece ha vita più breve, in quanto alla fine dell'anno termina la sua attività per riprenderla all'inizio dell'anno successivo, ripartendo però da zero. Ritornando al capitale sociale capisci perfettamente che, avendo una fonte finanziaria così importante, tanto essa è maggiore tanto maggiore sarà la possibilità di investimento.

SEGRETO n. 8: l'area finanziaria deve preoccuparsi di mantenere in equilibrio le fonti di finanziamento e gli impieghi di capitale.

		Stato patrimoniale secondo codice civile							
A		CREDITI V/SOCI	0	A		PATRIMONIO NETTO		
B		IMMOBILIZZAZIONI			I	CAPITALE SOCIALE	600 000
	I	IMMOBILIZZAZIONI IMMATERIALI			II	RISERVA SOVRAPREZZO AZIONI	0
		Costi d'impianto	13 920		IV	RISERVA LEGALE	108 000
			13 920		VI	RISERVA STATUTARIA	144 000
	II	IMMOBILIZZAZIONI MATERIALI			VII	ALTRE RISERVE	62 400
		Fabbricati	422 520		VIII	UTILI PORTATI A NUOVO	2 604
		Impianti	277 800		IX	UTILE D'ESERCIZIO	79 890
		Attrezzature industriali e commerciali	113 400			TOTALE PATRIMONIO NETTO	996 894
		Altri beni	69 000	B		FONDO PER RISCHI E ONERI	0
			882 720	C		TRATTAMENTO FINE RAPPORTO LAVORO	128 648
	III	IMMOBILIZZAZIONI FINANZIARIE	0	D		DEBITI	
		TOTALE IMMOBILIZZAZIONI	896 640			Obbligazioni	0
C		ATTIVO CIRCOLANTE				Debiti v/banche	126 288
	I	RIMANENZE				Debiti v/fornitori	296 160
		Materie prime	102 000			Debiti tributari	37 935
		Prodotti finiti	180 000			Debiti v/istituti previdenziali	11 196
			282 000			TOTALE DEBITI	471 579
	II	CREDITI	403 374	E		RATEI E RISCONTI	1 200
	III	DISPONIBILITÀ FINANZIARIE	0				
	IV	DISPONIBILITÀ LIQUIDE	0				
		Depositi bancari e postali	14 867				
		Assegni	0				
		Denaro in cassa	960				
			15 827				
		TOTALE ATTIVO CIRCOLANTE	701 201				
D		RATEI E RISCONTI	480				
		Disaggio su prestiti	0				
		TOTALE RATEI E RISCONTI	480				
		TOTALE IMPIEGHI	1 598 321			TOTALE FONTI	1 598 321

Ho riprodotto qui sopra un modello di stato patrimoniale che puoi trovare su Google digitando "stato patrimoniale". Questo prospetto è del sito www.cdf.pd.infin.it . La voce *capitale sociale* è inserita nel Patrimonio Netto insieme alle riserve e all'utile d'esercizio.

Il ciclo aziendale si chiude in condizioni di normalità quando i crediti vengono incassati regolarmente e i debiti vengono pagati nei termini convenuti, e tutti hanno avuto la loro parte.

Se t'interessa approfondire gli argomenti trattati in questo capitolo puoi utilizzare i seguenti siti internet:

- www.ilsole24ore.com, nella sezione dedicata ai libri, *shopping24*;

- www.ipsoa.it, cliccando sul catalogo troverai le sezioni dedicate alla contabilità aziendale, alla finanza, al marketing e al management.

RIEPILOGO DEL CAPITOLO 2:

- SEGRETO n. 5: L'attività di vendita è sicuramente importante, essa permette di incrementare il fatturato e gli utili raggiungendo gli obbiettivi prefissati.

- SEGRETO n. 6: L'ordine del cliente permette all'azienda di produrre e successivamente consegnare il prodotto finito.

- SEGRETO n. 7: L'azienda deve incassare i crediti e pagare i debiti per gestire il regolare flusso finanziario. Se qualche incasso risulta difficoltoso, l'azienda può agire avvalendosi di un legale per il recupero forzoso del credito.

- SEGRETO n. 8: L'area finanziaria deve preoccuparsi di mantenere in equilibrio le fonti di finanziamento e gli impieghi di capitale.

CAPITOLO 3:
Come evitare la trappola del debito

L'indebitamento eccessivo può essere considerato la trappola più frequente e, nei casi più gravi, può condurre direttamente alla liquidazione se non addirittura al fallimento dell'azienda. Le cause della formazione dell'indebitamento sono molteplici e dipendono in alcuni casi dall'errato comportamento dell'imprenditore. Tuttavia, in altri casi, le cause possono essere esterne, ma in qualche misura sempre riconducibili al comportamento poco accorto dell'imprenditore medesimo. Analizziamo ora la causa interna dovuta a un errato comportamento nella gestione economica e finanziaria.

SEGRETO n. 9: l'indebitamento eccessivo può formarsi per varie cause, l'imprenditore può aggravare o attenuare gli effetti con il suo comportamento.

Può accadere che, per un certo periodo, l'azienda lavori in perdita e l'imprenditore, ingannato dai fidi bancari, non si accorga della situazione e pertanto non prenda in considerazione le opportune contromisure. Il risultato di questa situazione si riflette nell'indebitamento bancario che continua ad aumentare. Questa condizione aziendale, portata all'eccesso, può addirittura pregiudicare il regolare flusso finanziario con notevoli contraccolpi che si manifesteranno a breve termine.

Una conseguenza può essere riscontrata nel ritardo dei pagamenti ai fornitori, i quali iniziano a sollecitare le fatture scadute senza averne riscontro immediato da parte dell'azienda debitrice. I fornitori saranno così costretti a mettere in atto tutte quelle azioni legali descritte nel capitolo 2. L'azienda debitrice, costretta a saldare in primis le fatture dei fornitori che sollecitano il pagamento, dovrà trascurare le fatture dei fornitori più pazienti, scaricando su questi ultimi il suo indebitamento.

Ma è chiaro che, presto o tardi, anche loro saranno costretti ad agire legalmente per riscuotere i propri crediti. Questa è la classica spirale che porta progressivamente l'azienda verso la fine. Le voci corrono e iniziano una serie di problemi consecutivi.

Si assiste alla riduzione dei fidi bancari se non addirittura al rientro, i fornitori non concedono più credito commerciale ma pretendono il pagamento immediato, i dipendenti cercano altri posti di lavoro e l'azienda continua a impoverirsi di tutte le risorse umane e finanziarie che sono necessarie per il ciclo aziendale.

Un'altra causa interna molto frequente è la volontà dell'imprenditore di incrementare il fatturato per acquisire maggiori quote di mercato. Questa strategia, se non pianificata correttamente con un calcolo esatto dei margini, può portare l'azienda ad avere un indebitamento eccessivo dovuto all'incremento dei costi aziendali che devono essere pagati in anticipo.

Pensiamo solo al possibile incremento dei costi per l'assunzione di nuovi dipendenti, e di altri costi di struttura. Naturalmente il debito commerciale, iscritto al passivo dello stato patrimoniale, aumenta per finanziare il maggior attivo dovuto all'incremento del fatturato. Le conseguenze sono le stesse precedentemente elencate.

SEGRETO n. 10: la decisione dell'imprenditore di incrementare velocemente il fatturato può provocare, se non pianificata correttamente, un eccessivo indebitamento.

La causa esterna più frequente è invece riconducibile al mancato incasso dei crediti che pregiudica il regolare flusso finanziario. La conseguenza è il maggiore indebitamento bancario. L'azienda è costretta infatti a utilizzare maggiormente i fidi bancari e a ritardare il pagamento ai fornitori con gli effetti descritti in precedenza.

La causa esterna poteva essere attenuata o evitata se l'imprenditore avesse controllato maggiormente l'affidabilità della propria clientela. Esistono società che, a fronte di un esborso tutto sommato modesto, forniscono informazioni attendibili sull'andamento del cliente che viene così continuamente monitorato. Naturalmente nessuno può garantire in assoluto la solvibilità del cliente, ma questo è un valido strumento per evitare di esporsi troppo con la propria clientela. Un altro strumento può essere quello della concessione di un fido, quantificabile in base ai dati disponibili e desumibili da varie fonti. Anche questo strumento permette di non esporsi troppo con clientela sconosciuta limitando i danni in caso di insoluti.

SEGRETO n. 11: il mancato incasso dei crediti può essere evitato effettuando un monitoraggio continuo attraverso aziende che forniscono informazioni commerciali a costi contenuti.

In tutti i casi di eccessivo indebitamento è possibile correggere la rotta. La prima azione è quella di immettere denaro fresco in azienda, riportandola in equilibrio finanziario. Lo stesso risultato si può ottenere richiedendo, se possibile, un finanziamento bancario a lungo termine (ad esempio un mutuo). In questo modo si può spalmare negli anni successivi il rimborso del finanziamento avendo immediatamente a disposizione il denaro necessario.

L'azione successiva, nel caso di perdite, è cercare di ridurre drasticamente tutti i costi aziendali, riportando l'azienda inizialmente in equilibrio finanziario e successivamente in condizioni di produrre utile. Questa è una fase difficile e dolorosa ma deve essere attuata con coraggio e senza tentennamenti per evitare di mandare l'azienda alla deriva. L'unico obiettivo deve essere quello di riportare la nave in acque tranquille per poter proseguire la navigazione.

SEGRETO n. 12: in tutti i casi di eccessivo indebitamento è possibile correggere l'anomalia mediante l'apporto di denaro fresco dei soci o attraverso un finanziamento bancario a lungo termine.

Se nonostante tutte le azioni intraprese, la situazione non migliora e l'azienda continua ad accumulare perdite, non rimane altro da fare che optare per la liquidazione volontaria.

Debiti fiscali

I debiti fiscali possono formarsi per un errato comportamento dell'imprenditore che, per leggerezza o per scelta, pensa di poter trattenere la liquidità dovuta allo Stato per fini aziendali, o peggio ancora personali, sperando di restituirla in futuro. In altri casi i debiti fiscali si possono formare per una temporanea crisi di liquidità. In questo caso l'imprenditore può essere costretto a dirottare i fondi dovuti allo Stato per ripianare momentaneamente i debiti aziendali, esponendosi a violazioni di carattere amministrativo e in alcuni casi penale. Questa situazione si verifica quando il livello di indebitamento dell'azienda è già eccessivo, ossia è già stata superata la prima fase della trappola dell'eccessivo indebitamento. È a questo punto che l'imprenditore, costretto dagli eventi, sottrae la liquidità dovuta allo Stato utilizzandola per altri scopi, ad esempio per pagare i fornitori o altri finanziatori che hanno chiesto la restituzione dei prestiti.

È opportuno ricordare che quelle risorse finanziarie non sono dell'azienda e quindi non devono essere sottratte indebitamente per altri scopi.

RIEPILOGO DEL CAPITOLO 3:

- SEGRETO n. 9: L'indebitamento eccessivo può formarsi per varie cause, l'imprenditore può attenuare o aggravare gli effetti con il suo comportamento corretto o errato.

- SEGRETO n. 10: La decisione dell'imprenditore di incrementare velocemente il fatturato può provocare, se non pianificata correttamente, un eccessivo indebitamento.

- SEGRETO n. 11: Il mancato incasso dei crediti può essere evitato effettuando un monitoraggio continuo attraverso aziende che offrono informazioni commerciali a costi contenuti.

- SEGRETO n. 12: In tutti i casi di eccessivo indebitamento è possibile correggere l'anomalia mediante l'apporto di denaro fresco dei soci o attraverso un finanziamento bancario a lungo termine.

CAPITOLO 4:
Come ridurre i rischi normativi

Questa situazione si può verificare sia all'inizio dell'attività sia in corso d'opera. Se l'anomalia si verifica all'inizio dell'attività significa che il lavoro preparatorio non è stato svolto a dovere e vi sono state delle grosse lacune da parte di chi avrebbe dovuto consigliare al meglio. Ma anche da parte dell'imprenditore non vi è stata sufficiente accortezza e attenzione, obbligatoria in una fase così delicata. Il risultato è un'azienda che parte senza tutte le necessarie autorizzazioni per operare.

In questa fase è obbligatorio recuperare in brevissimo tempo, mettendosi in regola con le disposizioni. Qualora non fosse possibile, è meglio sospendere temporaneamente l'attività aziendale, evitando di incorrere in pesanti sanzioni amministrative o penali che potrebbero compromettere, in alcuni casi, addirittura il proseguimento dell'attività aziendale. Diverso può essere il caso di anomalia in corso d'opera. In questo caso ci troviamo di fronte a un'azienda che già opera da tempo sul mercato, ma che a causa di un nuova normativa può essere fuori legge. Di solito le nuove norme prevedono dei periodi transitori in cui è possibile adeguarsi ma, come spesso accade, il tempo passa senza che l'imprenditore abbia provveduto a effettuare gli adempimenti previsti. Anche in questa situazione valgono le stesse regole del caso precedente.

SEGRETO n. 13: l'azienda deve operare in regola con le disposizioni normative vigenti onde evitare sanzioni amministrative o penali.

Mi preme ricordare che, se durante il periodo in cui l'azienda opera senza le necessarie autorizzazioni, oppure senza aver provveduto agli adeguamenti normativi, dovesse accadere qualche infortunio o, peggio ancora qualche evento tragico, la responsabilità ricadrebbe inevitabilmente sull'imprenditore che non ha agito tempestivamente per adeguarsi alle nuove normative.

Personale non regolarizzato
Un errore da non commettere è quello di cadere nella trappola del personale non regolarizzato. A volte alcuni imprenditori, spinti

dal luccichio del denaro facile ottenuto non pagando quanto di competenza al lavoratore e conseguentemente allo Stato, commettono questa irregolarità. Così facendo non si rendono conto dei gravi rischi cui vanno incontro per alcuni possibili eventi, anche tragici, che possono accadere durante la normale attività lavorativa.

Pensiamo per un attimo a un incidente sul lavoro e immaginiamo quali possano essere le conseguenze economiche, finanziarie, penali e psicologiche che colpiscono l'azienda e l'imprenditore. Domandiamoci se è meglio in queste situazioni avere il personale regolarizzato oppure no. Credo che il gioco non valga assolutamente la candela e sia meglio, per la tranquillità dell'imprenditore, avere personale totalmente regolarizzato.

SEGRETO n. 14: è opportuno che l'azienda assuma personale totalmente regolarizzato per evitare gravi conseguenze economiche, finanziarie, penali e psicologiche che colpirebbero l'azienda e l'imprenditore.

Pensiamo inoltre ai costi che dovrebbero essere sostenuti

dall'azienda nel caso in cui un lavoratore promuovesse legittimamente una vertenza. Per l'azienda questa situazione può essere deleteria. Quotidianamente i giornali e i telegiornali ci informano delle tristemente note *morti bianche*, ossia le morti dovute ad incidenti sul lavoro. Immaginiamo quale stato d'animo, quale pressione psicologica potresti subire tu imprenditore se questo evento avvenisse proprio nella tua azienda e il lavoratore non fosse regolarizzato.

Spesso sentiamo imprenditori parlare d'impossibilità di sopravvivenza aziendale se non si prendono in considerazione eventuali forme di lavoro sottopagato, quindi in nero, per renderla competitiva. Molto spesso nella realtà si nascondono una serie di inefficienze che l'azienda non riesce a modificare.

SEGRETO n. 15: chiunque giustifichi il lavoro in nero con la necessità di diminuire i costi per rendere l'azienda più competitiva sta solo nascondendo una serie di inefficienze che gravano sulla sua azienda.

RIEPILOGO DEL CAPITOLO 4:

- SEGRETO n. 13: L'azienda deve operare in regola con le disposizioni normative vigenti onde evitare sanzioni amministrative o penali.

- SEGRETO n. 14: È opportuno che l'azienda assuma personale totalmente regolarizzato per evitare gravi conseguenze economiche, finanziarie, penali e psicologiche che colpirebbero l'azienda e l'imprenditore.

- SEGRETO n. 15: chiunque giustifichi il lavoro in nero con la necessità di diminuire i costi per rendere l'azienda più competitiva sta solo nascondendo una serie di inefficienze che gravano sulla sua azienda.

CAPITOLO 5:
Come evitare le trappole più frequenti

Clienti troppo importanti

Questa situazione si verifica più spesso di quanto non si immagini, e avviene frequentemente nelle prime fasi di vita dell'azienda, ma può anche manifestarsi in periodi successivi. Il rischio per l'azienda è di trovarsi in una posizione di palese inferiorità rispetto ai clienti. Essi hanno in questa fase un'elevata forza contrattuale e possono così agire per ottenere prezzi bassi e condizioni di pagamento per loro molto favorevoli.

È sicuramente opportuno aumentare il numero di clienti attraverso una forte azione commerciale e, se possibile, ridurre il peso percentuale di ogni cliente pervenendo a un massimo del 5-8% sul fatturato, riducendo così il rischio di eventuali insolvenze.

SEGRETO n. 16: per ridurre il peso percentuale dei clienti sul fatturato è opportuno operare attraverso un'azione

commerciale adeguata allo scopo.

Si può discutere se sia o meno semplice ridurre il peso dei clienti. Ovviamente non lo è. L'imprenditore deve pensare ai rischi che corre la sua azienda se insiste nel mantenere una così elevata percentuale di incidenza sul fatturato.

Esubero di risorse

L'esubero di risorse è un'altra trappola che si verifica frequentemente quando l'azienda riduce la sua attività quasi improvvisamente a causa di una riduzione degli ordini. Se tale riduzione è pianificata si può agire con relativa tranquillità. Se invece la riduzione è improvvisa, è necessario agire tempestivamente per evitare di avere costi elevati a fronte di ricavi che progressivamente o repentinamente decrescono, creando così uno squilibrio.

L'esubero di risorse umane difficilmente può essere ridotto nel breve termine. È consigliabile e opportuno effettuare una ripartizione equa dell'esubero di risorse umane mediante la riduzione dell'orario di lavoro. L'imprenditore potrà garantire il mantenimento del posto di lavoro ai dipendenti riducendo, mediante accordi tra le parti, l'orario di lavoro per un periodo temporaneo. È nell'interesse dell'azienda trattenere al suo interno lavoratori professionalmente competenti. La loro esperienza pluriennale sarà preziosa nel momento della ripresa produttiva che si manifesterà nuovamente se l'azione commerciale sarà energica e tempestiva. Detto questo l'imprenditore deve comunque prendere delle decisioni.

Un altro tipo di esubero è quello strutturale. L'azienda si trova a dover fronteggiare una crisi, momentanea o duratura, dovuta magari a condizioni economiche avverse, non dipendenti dalla propria volontà, a causa di una riduzione della domanda mondiale come quella che stiamo attraversando in questo periodo. In questa situazione l'imprenditore si trova a dover decidere una riduzione della capacità produttiva.

L'azienda si trova nella condizione di disfarsi di eventuali strutture, precedentemente acquisite, che non sono più necessarie. Naturalmente lo scopo è solo quello di non appesantire il bilancio di costi inutili. È comunque una decisione difficile, ma deve essere presa con la consapevolezza che, stante la situazione attuale, si avrebbe solo un inutile costo aziendale da sostenere senza averne alcun beneficio. La dismissione invece potrebbe avere un benefico effetto sulla cassa aziendale, arricchendola di risorse finanziarie.

SEGRETO n. 17: l'esubero di risorse strutturali e di altre risorse deve essere ridotto per non appesantire il bilancio di costi inutili. La vendita delle strutture in esubero avrà un effetto positivo sulla cassa aziendale.

L'esubero di risorse finanziarie, che si verificherebbe nel caso in cui l'azienda abbia accantonato in passato denaro, potrebbe tornare utile in situazioni di crisi per superare eventuali momenti di temporanea difficoltà. Può essere utilizzata pagando in anticipo i fornitori, ottenendo sconti per pagamento pronta cassa. Ovviamente la liquidità in esubero può essere investita in strumenti finanziari con ottimi ritorni. È bene tuttavia non dimenticare che l'azienda potrebbe avere necessità finanziarie improvvise. È consigliabile investire in strumenti facilmente smobilizzabili all'occorrenza.

Fornitori troppo importanti

Questa trappola, al pari di quella dei clienti, si verifica spesso sia all'inizio dell'attività che durante il corso della vita aziendale. Le cause possono essere molteplici e tutte valide, ma è opportuno riconoscerle e attuare le correzioni necessarie. Al pari dei clienti, anche i fornitori possono acquisire un notevole potere contrattuale se si accorgono di essere unici o molto importanti. L'impatto sul margine aziendale può essere notevole, in alcuni casi può persino rendere impossibile il proseguimento dell'attività.

È necessario ripartire notevolmente gli acquisti a più fornitori ottenendo una percentuale bassa, 5 – 15 % al fine di ridurre tutti i rischi esposti capovolgendo il potere contrattuale che deve passare nelle tue mani. Vi sono casi in cui questa tecnica non è attuabile ma, con opportuni accorgimenti e con una buona abilità nel condurre le trattative, si possono raggiungere degli ottimi risultati.

Scarsa o inesistente azione commerciale

Guardando alcune aziende dall'esterno possiamo notare come, nonostante gli apparenti sforzi degli imprenditori, esse non decollino, mentre altre continuino ad incrementare il proprio fatturato e gli utili. Il SEGRETO di tutta questa crescita sta nell'azione commerciale.

Le aziende del primo tipo cadono nella trappola della scarsa o inesistente azione commerciale. Proseguono per inerzia sperando che il passa parola da solo possa far incrementare le vendite. Le aziende del secondo tipo, invece, attraverso un'organizzazione commerciale incisiva, crescono continuamente.

SEGRETO n. 18: l'azione commerciale incisiva permette all'azienda di incrementare il fatturato e gli utili consentendo una crescita continua.

Analizzando le cause di questa anomalia, ci accorgiamo che l'impresa può non avere una rete di vendita, oppure, pur avendo una organizzazione dedita alle vendite, essa risulta poco efficiente per tutta una serie di motivi che non le permettono di effettuare una copiosa raccolta degli ordini. Dando naturalmente per scontato che l'azienda venda dei prodotti a prezzi competitivi, possiamo imputare tra le cause un'inefficiente e improduttiva azione dei venditori che, per scarsa preparazione, formazione, o volontà, non riescono ad essere incisivi come dovrebbero.

Le cause di questa anomalia possono essere molteplici: ad esempio, l'imprenditore non si accorge della graduale variazione dei prezzi praticati dai concorrenti perché i venditori non lo informano correttamente. L'imprenditore, o il responsabile delle vendite dovrebbe controllare maggiormente il venditore incentivandolo nello svolgimento della propria attività.

Il risultato della scarsa azione commerciale si riflette naturalmente sul fatturato che non aumenta come pianificato, e ovviamente sulla riduzione degli utili previsti. Quando si verificano le situazioni descritte in precedenza, è necessario agire in modo vigoroso e tempestivo per correggere, nel più breve tempo possibile, le anomalie che potrebbero pregiudicare addirittura il futuro dell'azienda. Tu imprenditore devi immediatamente creare le condizioni per una rapida soluzione dei problemi.

Dovrai migliorare la politica commerciale, stimolare e

incentivare i venditori a svolgere un'azione commerciale più incisiva che permetta all'azienda di risollevarsi. Dovrai apportare tutte le variazioni di prezzo che permettano all'azienda di ritornare competitiva. Dovrai verificare cha la pianificazione, a suo tempo decisa, ti permetta di ridurre i prezzi senza incorrere in possibili perdite. In tal caso dovrai ridurre maggiormente i costi di struttura.

Disorganizzazione nella gestione aziendale

La disorganizzazione è sicuramente negativa in tutte le situazioni ma, quando avviene in azienda, può provocare ingenti danni. Si può assistere spesso alla confusione che viene generata da una errata impostazione delle procedure contabili. Ad esempio, l'impossibilità per l'imprenditore di ricevere informazioni corrette circa l'esatto ammontare dei crediti, di quelli scontati, o delle ri.ba presentate all'incasso, non permettendo al medesimo di effettuare quelle valutazioni finanziarie che consentirebbero maggiori riSPArmi o migliori investimenti. Stesso discorso vale per i debiti verso fornitori o per gli altri debiti. Se ad esempio l'imprenditore volesse impostare una strategia finanziaria atta a riSPArmiare qualche punto percentuale di interessi passivi, deve conoscerne l'ammontare con esattezza, per effettuare i dovuti calcoli.

Si assiste qualche volta a una errata pianificazione degli incassi e dei pagamenti. Spesso si paga prima dell'arrivo degli incassi magari emettendo assegni postdatati che, oltre ad essere fuori legge, rischiano di non avere copertura nel conto corrente bancario perché si pensa di avere sufficienti risorse finanziarie.

Non si deve dimenticare che la disorganizzazione porta spesso a un'errata gestione dei pagamenti delle deleghe fiscali. Ciò causa aggravi in termini di interessi e spese che non aiutano certamente le finanze aziendali. Si può inoltre verificare una confusione nella gestione dei documenti contabili in quanto l'ufficio preposto è mantenuto in condizioni di disordine parziale o totale. Può accadere che non vengano registrate nei termini le fatture dei fornitori, per cui si verifica un conteggio errato dell'Iva, e quindi un anticipo allo Stato di risorse finanziarie che potrebbero essere utilizzate per altri scopi. Se l'ufficio agisce correttamente ed ha la situazione sotto controllo, si accorge immediatamente dell'eventuale mancanza di fatture fornitori e le richiederà nei termini per le registrazioni del caso.

Tu imprenditore devi fare in modo che l'organizzazione finanziaria funzioni al meglio. Devi adoperarti per ricevere tempestivamente tutte le informazioni utili per effettuare i calcoli che sono indispensabili per una corretta gestione finanziaria. A tal proposito è opportuno che tu riceva in tempi rapidi dall'ufficio contabilità la situazione mensile del fatturato. Alla tua mente, sempre occupata da mille pensieri, non devono assolutamente sfuggire tutte le altre spese: fatture fornitori, situazione bancaria, deleghe fiscali da pagare nei termini, stipendi e salari.

Devi avere un quadro generale della tua azienda attraverso i documenti contabili, ed è per questo che devono sempre essere aggiornati e tenuti in ordine. La conoscenza dei dati contabili, integrata se possibile da un bilancino mensile, ti permette di effettuare tutte le manovre necessarie per mantenere la rotta della tua nave. Ricorda sempre che Tu sei il Comandante e solo tu rispondi delle tue azioni ai terzi, un tuo errore di manovra può costare caro a te in primo luogo e a tutti gli altri successivamente.

Oltre all'area contabile/finanziaria può esservi una disorganizzazione in tutte le altre aree aziendali. Possiamo iniziare dalla gestione non corretta degli ordini ricevuti dai clienti. Ad esempio, se i venditori non trasmettono tempestivamente gli ordini al responsabile che deve occuparsi della produzione, potrebbe sorgere un ritardo a catena in tutte le altre aree aziendali, con il risultato di un differimento nella consegna del prodotto al cliente.

Spesso le aziende mancano di coordinamento, ossia si notano inefficienze e perdite di tempo perché non tutti sanno bene cosa fare, non hanno compiti ben precisi. Ti sarà capitato di recarti presso alcune aziende e appena entrato ti sei reso conto immediatamente dell'organizzazione aziendale. Puoi aver visto l'esterno in ordine oppure in disordine, pulito o sporco, questo ti ha già dato una prima informazione sull'organizzazione aziendale e sulle abitudini dell'imprenditore. Ti sarai reso conto che nell'azienda regna il disordine e l'inefficienza se, entrato negli uffici ti sei accorto che gli impiegati/e chiedevano informazioni ripetute alle stesse persone magari con un tono di voce poco gentile. Se hai avuto la possibilità di recarti nei reparti produttivi e hai sentito il responsabile sollecitare l'ufficio acquisti perché il materiale di fornitura non è arrivato tempi previsti. Se hai visto il magazzino non gestire correttamente le scorte o il reparto spedizioni non provvedere alla spedizione del prodotto finito.

Se invece fossi entrato nella stessa azienda e avessi trovato le condizioni opposte, avresti sicuramente avuto una percezione totalmente diversa dell'organizzazione. Ti sarai reso conto che un'azienda ben organizzata avrà minori possibilità di cadere nella trappola perché tutti conoscono bene le proprie competenze e sanno esattamente cosa fare. Ovviamente un'azienda ben organizzata avrà minori sprechi, con effetti positivi sul risultato aziendale.

SEGRETO n. 19: l'azienda deve essere costantemente monitorata per evitare effetti negativi dovuti alla disorganizzazione.

Tu imprenditore devi sempre cercare di raggiungere la massima efficienza nell'organizzazione aziendale. Ciò ti permetterà di avere una visione migliore dei processi aziendali, se necessario apportando le modifiche opportune, e pervenendo così a un miglior risultato organizzativo ed economico.

Riduzione non controllata della redditività

La trappola della riduzione non controllata della redditività si verifica quando l'imprenditore non si accorge di alcuni eventi che accadono in azienda. Può succedere che in fase di pianificazione del prezzo di vendita siano stati utilizzati dei parametri che, dopo un certo periodo, sono risultati errati comportando quindi una riduzione dei margini aziendali.

Possiamo pensare, ad esempio, a un'azienda che utilizza del carburante il cui prezzo improvvisamente schizza verso l'alto, come purtroppo accade frequentemente nel nostro paese, compromettendo tutti i calcoli e gli scenari ipotizzati. È opportuno in questa fase correggere immediatamente i prezzi se non si vuole rischiare di trovarsi alla fine dell'anno con l'azienda in perdita. Ovviamente non sarà così facile convincere i clienti a riconoscere all'azienda l'aumento dei prezzi. Tenderanno a opporre un'assidua resistenza adducendo che non possono fare nulla. Diranno che il periodo è difficile e cercheranno di dimostrare che i loro clienti non accettano a loro volta aumenti. Potrei continuare con altri esempi all'infinito ma il punto è che se tu imprenditore non correggi il tiro gradatamente, l'azienda perderà margini e questo potrebbe portarla a cadere nell'ormai famosa trappola dell'eccessivo indebitamento.

Un'altra possibile causa di riduzione dei margini si può verificare se aumentano altri costi aziendali non pianificati correttamente. Ad esempio, l'aumento di salari e stipendi per il rinnovo del contratto, un aumento del canone d'affitto per scadenza del contratto di locazione, un aumento di alcuni costi dei fornitori, una nuova legge che costringe l'azienda a effettuare modifiche strutturali per la sicurezza.

SEGRETO n. 20: l'imprenditore deve verificare spesso la redditività aziendale predisponendo, in caso di riduzione, le contromisure necessarie.

Oltre alle cause descritte può accadere che vengano praticati ai clienti sconti troppo elevati per aumentare gli ordini. Questo comporta sicuramente una riduzione dei margini che, se non viene corretta in tempo, può portare l'azienda in condizioni di scarsa redditività non sufficiente peraltro a garantire la copertura di tutti i costi aziendali. L'imprenditore deve in ognuno di questi casi correggere le anomalie ritornando così in condizioni di equilibrio.

RIEPILOGO DEL CAPITOLO 5 :

- SEGRETO n. 16: Per ridurre il peso percentuale dei clienti sul fatturato è opportuno operare attraverso una azione commerciale adeguata allo scopo.

- SEGRETO n. 17: L'esubero di risorse strutturali e di altre risorse deve essere ridotto per non appesantire il bilancio di costi inutili. La vendita delle strutture in esubero avrà un effetto positivo sulla cassa aziendale.

- SEGRETO n. 18: L'azione commerciale ben impostata permette all'azienda di incrementare fatturato e utili consentendo una crescita continua.

- SEGRETO n. 19: L'azienda deve essere costantemente monitorata per evitare effetti negativi dovuti alla disorganizzazione.

- SEGRETO n. 20: L'imprenditore deve verificare spesso la redditività aziendale predisponendo, in caso di riduzione, le contromisure necessarie.

Conclusione

Come hai potuto notare leggendo questo corso, ti ho guidato prima alla costituzione della tua azienda, cercando di spiegarti passo dopo passo com'è possibile crearla. Successivamente ho cercato di farti comprendere quali sono le trappole più comuni, ma allo stesso tempo più insidiose, che potrai incontrare durante il percorso.

Nella parte iniziale del primo capitolo, quella che precede la costituzione, ti ho spiegato come effettuare una valutazione di tutte le fasi preventive. Detta valutazione è necessaria se si vuole evitare di commettere degli errori nella fase iniziale, errori che potrebbero compromettere il futuro dell'azienda. Terminata la fase valutativa, abbiamo visto come l'azienda viene costituita.

Successivamente ti ho spiegato come gestire i processi aziendali. Infine ti ho elencato quali sono le trappole più frequenti. Avrai sicuramente notato che tutte le trappole hanno un impatto notevole e spesso negativo sulla redditività aziendale. Ti vorrei ricordare che, se riuscirai a non cadere nelle trappole che ti ho descritto, potrai sicuramente navigare in acque tranquille continuando a progredire. Permettimi di trasmetterti una frase che ti aiuterà sicuramente: **prevenire è sempre meglio, curare è difficile e spesso doloroso.** Se applicherai le regole, sbaglierai meno degli altri.

Immagina di vedere due persone che iniziano contemporaneamente la stessa attività con gli stessi mezzi e le stesse risorse. Al termine del primo anno una delle due aziende sarebbe in vantaggio rispetto all'altra. Questo significa che dei due imprenditori vince chi ha dalla sua parte una conoscenza delle dinamiche aziendali maggiore. Nella mia attività di consulenza aziendale, presso piccole e medie imprese, mi capita spesso di vedere imprenditori in difficoltà. Naturalmente non tutto è imputabile alla loro volontà ma, molto spesso, l'impreparazione o la scarsa conoscenza delle dinamiche aziendali causano notevoli problemi.

Vorrei ricordarti inoltre che l'azienda deve essere al tuo servizio e non il contrario. Pensa di essere conosciuto come grande imprenditore e non solo come un gran lavoratore. In Italia e nel mondo abbiamo numerosi esempi di grandi imprenditori che hanno raggiunto risultati eccezionali. Naturalmente ci sarà un periodo coincidente con i primi due-tre anni in cui la tua presenza potrà essere anche assidua, ma dopo è opportuno, se avrai operato bene, che l'azienda prosegua con le sue forze in piena autonomia. Prenditi i tuoi spazi per ragionare sul futuro.

Ci sono imprenditori che presenziano spesso e volentieri alle trasmissioni televisive, questo non vuol dire che non lavorino, semplicemente sono riusciti a impostare bene tutti i processi aziendali e si occupano di strategie che cambieranno in modo radicale la propria azienda.

Un buon imprenditore pensa molto, i suoi pensieri posso trasformarsi in vere e proprie miniere d'oro. Tutti noi abbiamo un potenziale enorme nella nostra mente. Vorrei inoltre ricordarti che raggiungerai gli obbiettivi solo se t'impegnerai moltissimo, e se sarai molto determinato. In questo corso ti ho descritto quali sono le caratteristiche di un obbiettivo attraverso l'acronimo SMART.

Ti consiglio di scrivere i tuoi obbiettivi su un foglio di carta e rileggerli frequentemente. Devi essere convinto di poterli raggiungere. Quando hai deciso cosa fare, nulla deve distoglierti dall'obbiettivo. Ho ideato un acronimo che integra il precedente, posso riassumerlo con queste tre lettere, CIF:

- C: coraggio, per intraprendere il cammino imprenditoriale;
- I: impegno, costante e continuo per raggiungere gli obbiettivi;
- F: forza di volontà, per non mollare mai nei momenti difficili.

I risultati arrivano sempre dopo un periodo di grande impegno se avrai utilizzato le giuste strategie.

Forza e coraggio, adesso conosci molti segreti che altri ignorano e puoi iniziare questa avventura creando la tua azienda per diventare un imprenditore di successo.

www.ingramcontent.com/pod-product-compliance
Lightning Source LLC
Chambersburg PA
CBHW071609200326
41519CB00021BB/6932